GUIDE

DES

CAPITAINES

CONCERNANT LA DEMANDE A FAIRE POUR OBTENIR

LE

RAPATRIEMENT FORFAITAIRE

PRÉVU PAR L'ARTICLE 262 DU CODE DE COMMERCE

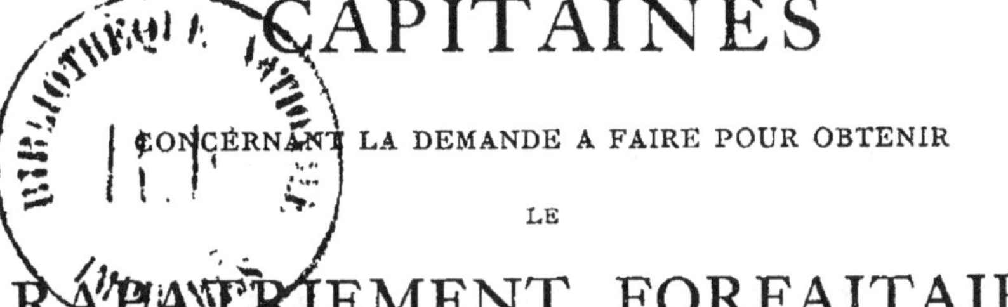

Établi avec l'accord du Sous-Secrétariat d'État
de la Marine Marchande et des Ministères
des Affaires Étrangères et des Colonies

COMITÉ CENTRAL DES ARMATEURS DE FRANCE

73, Boulevard Haussmann, Paris

—

1925

GUIDE

DES

CAPITAINES

CONCERNANT LA DEMANDE A FAIRE POUR OBTENIR

LE

RAPATRIEMENT FORFAITAIRE

PRÉVU PAR L'ARTICE 262 DU CODE DE COMMERCE

*Établi avec l'accord du Sous-Secrétariat d'État
de la Marine Marchande et des Ministères
des Affaires Étrangères et des Colonies*

SOMMAIRE :

BUT ET PORTÉE DE L'ARTICLE 262 DU CODE DE COMMERCE
FORMULES DE DEMANDE DE FORFAIT DANS LES CAS
GÉNÉRAUX ET LES HYPOTHÈSES PARTICULIÈRES.
CALCUL DU FORFAIT. — MODE DE PAIEMENT.

GUIDE

DES

CAPITAINES

CONCERNANT LA DEMANDE A FAIRE POUR OBTENIR

LE

RAPATRIEMENT FORFAITAIRE

PRÉVU PAR L'ARTICLE 262 DU CODE DE COMMERCE

Établi avec l'accord du Sous-Secrétariat d'État
de la Marine Marchande et des Ministères
des Affaires Étrangères et des Colonies

COMITÉ CENTRAL DES ARMATEURS DE FRANCE

73, Boulevard Haussmann, Paris

1925

PRÉAMBULE

L'article 262 du Code de Commerce est ainsi conçu (1) :

Le matelot est payé de ses loyers, traité et pansé aux frais du navire, s'il tombe malade pendant le voyage, ou. s'il est blessé au service du navire.

Si le matelot a dû être laissé à terre, il est rapatrié aux dépens du navire ; toutefois, le capitaine peut se libérer de tous frais de traitement ou de rapatriement en versant entre les mains de l'autorité française une somme à déterminer d'après un tarif qui sera arrêté par un règlement d'administration publique, lequel devra être revisé tous les trois ans.

Les loyers du matelot laissé à terre lui sont payés jusqu'à ce qu'il ait contracté un engagement nouveau et qu'il ait été rapatrié. S'il a été rapatrié avant son rétablissement, il est payé de ses loyers jusqu'à ce qu'il soit rétabli. Toutefois, la période durant laquelle les loyers du matelot lui sont alloués ne pourra dépasser, en aucun cas, quatre mois à dater du jour où il a été laissé à terre.

---

(1) Ainsi modifié par la Loi du 12 Août 1885.

Par conséquent, un homme débarqué pour cause de maladie et hospitalisé doit être soigné aux frais de l'armateur. Mais le législateur laisse à l'armateur la faculté — à l'étranger et aux colonies, y compris l'Algérie — de se libérer de cette obligation par le versement d'une somme forfaitaire. Cette somme comprend les soins à donner jusqu'au complet rétablissemen t, les frais de rapatriement, et, le cas échéant, les frais de sépulture.

Le fait lui-même que cette disposition — qui ne joue qu'hors de France — reste facultative, met l'armateur ou son représentant — le capitaine du navire — dans l'obligation de réclamer le bénéfice du forfait. Faute d'une demande officielle clairement exprimée, les armateurs se sont vus fréquemment obligés de payer les frais élevés occasionnés par les soins donnés, pendant de longs mois, à un homme débarqué dans un port étranger ou dans un port colonial. Le forfait — dont l'armateur est libre de demander le bénéfice ou de ne pas se prévaloir — constitue pour lui un droit absolu auquel l'Administration ne peut répondre par une fin de non-recevoir.

Nous avons donc pensé qu'il était nécessaire d'attirer l'attention des capitaines se trouvant dans le cas de laisser à terre des hommes malades, et de leur indiquer en peu de mots, mais clairement, les obligations qu'ils ont et les démarches qu'ils doivent faire.

INSTRUCTIONS aux CAPITAINES

Cas général

Dès qu'un homme est reconnu malade et demande son hospitalisation hors de France, le capitaine doit, *dans les trois jours* qui suivent le débarquement du malade, remettre aux autorités françaises (consul, agent consulaire, chef du Service de l'Inscription Maritime de la Colonie), la demande ci-dessous indiquée.

La formule à utiliser pour adresser cette demande peut être la suivante ; elle n'est pas obligatoire, mais elle facilitera aux capitaines la rédaction de leur demande :

FORMULE DE DEMANDE DU FORFAIT

(Modèle A)

Je, soussigné...

....

Capitaine du...
informe Monsieur le Consul (ou Vice-
Consul . ou Agent Consulaire, ou Chef du
Service de l'Inscription Maritime de la
Colonie) de ([1])...
que le Sieur ([2])...
inscrit à ([3])...
est tombé malade à mon bord et que son état
nécessite son débarquement et son hospitalisation immédiate.

J'ai l'honneur de prier Monsieur le Consul
(ou Vice-Consul ou Agent Consulaire, ou

---

(1) Port dans lequel le bâtiment se trouve.
(2) Nom du malade.
(3) Quartier d'Inscription du malade.

Chef du Service de l'Inscription Maritime) de vouloir bien faire débarquer cet homme et assurer son traitement et son rapatriement. Conformément aux dispositions de l'article 262 du Code de Commerce, je demande à effectuer le versement forfaitaire, que je m'engage à payer dès qu'il aura été calculé conformément aux dispositions réglementaires.

Veuillez agréer, Monsieur le Consul (ou Vice-Consul ou Agent Consulaire, ou Chef du Service de l'Inscription Maritime), l'assurance de ma haute considération.

DATE ET SIGNATURE :

Hypothèses particulières

Des cas particuliers peuvent se produire. Par exemple, un homme à terre tombe malade quelques heures avant l'heure de sa rentrée à bord ou de l'appareillage du navire; il ne peut, pour une raison quelconque, faire prévenir son capitaine; ce dernier, constatant son absence, le signale, avant l'appareillage, comme déserteur aux autorités françaises. Mais, en fait, si cet homme est malade, son état peut nécessiter des soins à l'hôpital; par qui, dès lors, ces soins seront-ils payés ?

Si l'homme est de bonne foi et s'il a été blessé ou est tombé malade au service du navire, l'armateur devra acquitter les dépenses nécessitées par les soins qui lui seront donnés. Mais le capitaine, dans l'ignorance où il se trouve des causes de l'absence de ce marin, en même temps qu'il en fait la déclaration, devra, par précaution, adresser une demande conditionnelle pour que le forfait soit appliqué à l'armateur dans le cas où cet homme se sera trouvé réellement malade et dans un état nécessitant des soins dans un hôpital. La demande pourra alors être rédigée de la manière suivante :

FORMULE DE DEMANDE DU FORFAIT

(Modèle B)

Je, soussigné..

....

Capitaine du..
informe Monsieur le Consul (ou Vice-Consul ou Agent Consulaire, ou Chef du Service de l'Inscription Maritime de la Colonie) de (1)......................................
que le Sieur (2)..
inscrit à (3)...
n'a pas rejoint mon bord.

---

(1) Port dans lequel le bâtiment se trouve.
(2) Nom du malade.
(3) Quartier d'Inscription du malade.

Dans le cas où cet homme n'aurait pas rejoint le bord pour cause de maladie ou de blessure, et où, dès lors, il serait dans l'obligation d'être hospitalisé et rapatrié dans la suite, j'ai l'honneur de prier, Monsieur le Consul (ou Vice-Consul ou Agent Consulaire, ou Chef du Service de l'Inscription Maritime), de vouloir bien éventuellement assurer son traitement et son rapatriement et, conformément aux dispositions de l'article 262 du Code de Commerce, je demande alors à effectuer le versement forfaitaire, que je m'engage à payer dès qu'il aura été calculé conformément aux dispositions réglementaires.

Veuillez agréer, Monsieur le Consul (ou Vice-Consul ou Agent Consulaire, ou Chef du Service de l'Inscription Maritime), l'assurance de ma haute considération.

DATE ET SIGNATURE :

Un autre cas peut se produire : un homme tombe malade dans un petit port étranger où ne se trouve ni agent consulaire, ni consul; que doit faire le capitaine?

Celui-ci doit débarquer et mettre l'homme à l'hôpital; mais il doit écrire, dans un délai inférieur à trois jours après le débarquement, au consul ou à l'agent consulaire de la circonscription du port dans lequel le malade a été débarqué et lui adresser la demande du forfait rédigée d'une manière un peu différente du modèle A :

FORMULE DE DEMANDE DU FORFAIT
(Modèle C)

Je, soussigné..

....

Capitaine du..
informe Monsieur le Consul (ou Vice-Consul ou Agent Consulaire) de (^{1})....................
que le Sieur (^{2})..
inscrit à (^{3})...

---

(1) Circonscription consulaire dans laquelle se trouve le port.
(2) Nom du malade.
(3) Quartier d'Inscription du malade.

est tombé malade à mon bord et que son état a nécessité son débarquement et son hospitalisation immédiate dans la ville de (¹)............................

....

J'ai l'honneur de prier Monsieur le Consul (ou Vice-Consul ou Agent Consulaire), de vouloir bien assurer le traitement et le rapatriement de cet homme. Conformément aux dispositions de l'article 262 du Code de Commerce, je demande à effectuer le versement forfaitaire, que je m'engage à payer dès qu'il aura été calculé conformément aux dispositions réglementaires.

Veuillez agréer, Monsieur le Consul (ou Vice-Consul ou Agent Consulaire), l'assurance de ma haute considération.

DATE ET SIGNATURE :

....

---

(1) Port dans lequel le marin est hospitalisé.

Le calcul du forfait appartient aux autorités consulaires ou coloniales; le capitaine n'a aucunement à y intervenir. Cependant, il est bon qu'il puisse se rendre compte des conditions dans lesquelles ce forfait est calculé. Le Décret du 8 Septembre 1912, qui règle la matière, prévoit que ledit forfait est calculé en tenant compte des éléments ci-après : 1° frais de traitement ; 2° frais de séjour à la sortie de l'hôpital ; 3° frais de rapatriement, et à l'aide de deux tableaux : le premier (tableau A), comprend le nombre de journées d'hôpital que l'on peut prévoir pour les soins à donner dans chacune des principales maladies connues. Le tableau B donne les frais d'hospitalisation par jour dans toutes les localités, dans les colonies françaises et à l'étranger, dans lesquelles les hommes peuvent être amenés à débarquer. Ce chiffre, multiplié par le nombre de jours d'hôpital attribués à la maladie de l'homme considéré, représente la somme forfaitaire que l'armateur devra acquitter entre les mains de l'Administration de la Marine.

Actuellement, les chiffres ayant servi de base aux tarifs du forfait (Décret du 8 Septembre 1912) ne sont plus exacts, par suite des majorations successives que la guerre et les suites de la guerre ont provoquées dans le prix de la vie dans les différents pays. Un décret prévoit que les autorités locales doivent, tous les six mois, faire connaître à l'Administration de la Marine Marchande quel est le coefficient de majoration applicable aux différents éléments ayant servi de base au calcul du forfait dans le pays envisagé.

Si les capitaines veulent savoir exactement à combien le forfait se monte, ils devront demander au consul ou aux autorités coloniales quel est, pour les six mois en cours, le coefficient de majoration appliqué aux tarifs figurant au tableau B.

Pour permettre aux capitaines de se faire une idée de la façon dont le forfait est calculé, nous croyons utile de donner un exemple concret :

admettons qu'un matelot soit débarqué atteint d'otite interne ; admettons, d'autre part, que les taux de majoration prévus par l'autorité — consulaire ou coloniale — pour la période de six mois au cours de laquelle a lieu le débarquement, soient les suivants :

1er *élément:* frais d'hospitalisation. .   15o %

2e *élément :* frais de séjour à la sortie de l'hôpital . . . .   200 %

3e *élément:* frais de rapatriement. .   3oo %

Le tableau A, annexé au Décret du 8 Septembre 1912, indique que, pour le traitement de
l'otite interne, on prévoit une hospitalisation de
25 jours d'hôpital. Le tableau B, annexé au
même décret, donne, d'autre part, le tarif prévu
pour la journée d'hospitalisation dans la localité
en cause : soit, par exemple, et pour fixer les
idées: 4 francs par jour.

Le forfait sera donc établi de la manière suivante :

<table>
<tr>
<td rowspan="3">Tarifs
annexés
au Décret
du
8 Septembre
1912</td>
<td>1er élément : frais de traitement à l'hôpital, 25 jours à 4 francs . . 100 fr.</td>
</tr>
<tr>
<td>2e élément : frais de séjour à la sortie de l'hôpital . . . . 8 »</td>
</tr>
<tr>
<td>3e élément : frais de rapatriement. 110 »</td>
</tr>
</table>

Taux
de
majoration
déterminés
par
application
des Décrets
des
15 Février
1919
et
30 Décembre
1920

1er *élément :* 150 % . . . 150 fr.

2e *élément :* 200 % . . . 16 »

3e *élément :* 300 % . . . 330 »

———

496 »

———

TOTAL . . . 714 fr.

Moyennant le paiement de ce forfait de 714 francs, les capitaines n'ont à s'occuper ni de l'hospitalisation, ni du rapatriement du marin.

Tous les frais (même ceux de sépulture) sont à la charge de l'État.

*
* *

Le forfait ne comprend pas la conduite, qui reste à la charge de l'armateur, à moins que les conditions d'engagement ne stipulent formellement, comme c'est l'usage, la renonciation à la conduite de la part du marin. Les frais de rapatriement et de traitement sont inséparables du forfait et celui-ci est acquitté, soit par lettre de change sur l'armateur ou sur une Banque de Paris, soit par mandat international. Ces valeurs sont à l'ordre du Caissier payeur central du Trésor Public, et le capitaine ou le consignataire en reçoit récépissé.

En Algérie et dans les colonies françaises, le versement peut être effectué en espèces.

Les frais de timbre et d'envoi d'argent sont versés directement, en plus du montant du forfait, par la personne qui le souscrit.

En cas de départ précipité du navire ou de défaut de diagnostic pour le classement de la maladie, le capitaine s'engage, par écrit, à solder le forfait qui est calculé ultérieurement. Le consul ou l'administrateur poursuit ensuite le remboursement par l'intermédiaire de la Marine Marchande.